BEI GRIN MACHT SICH IHR WISSEN BEZAHLT

- Wir veröffentlichen Ihre Hausarbeit, Bachelor- und Masterarbeit

- Ihr eigenes eBook und Buch - weltweit in allen wichtigen Shops

- Verdienen Sie an jedem Verkauf

Jetzt bei www.GRIN.com hochladen und kostenlos publizieren

Arne Hellwig

Rechtsextremismus im ersten antifaschistischen Staat auf deutschem Boden

GRIN Verlag

Bibliografische Information der Deutschen Nationalbibliothek:

Die Deutsche Bibliothek verzeichnet diese Publikation in der Deutschen National-
bibliografie; detaillierte bibliografische Daten sind im Internet über http://dnb.d-
nb.de/ abrufbar.

Impressum:

Copyright © 2008 GRIN Verlag GmbH
Druck und Bindung: Books on Demand GmbH, Norderstedt Germany
ISBN: 978-3-638-95435-8

Dieses Buch bei GRIN:

http://www.grin.com/de/e-book/93517/rechtsextremismus-im-ersten-antifaschisti-
schen-staat-auf-deutschem-boden

GRIN - Your knowledge has value

Der GRIN Verlag publiziert seit 1998 wissenschaftliche Arbeiten von Studenten, Hochschullehrern und anderen Akademikern als eBook und gedrucktes Buch. Die Verlagswebsite www.grin.com ist die ideale Plattform zur Veröffentlichung von Hausarbeiten, Abschlussarbeiten, wissenschaftlichen Aufsätzen, Dissertationen und Fachbüchern.

Besuchen Sie uns im Internet:

http://www.grin.com/

http://www.facebook.com/grincom

http://www.twitter.com/grin_com

Referatsausarbeitung

„Rechtsextremismus im ersten antifaschistischen Staat auf deutschem Boden"

Veranstaltung: Migration und Integration

Datum der Abgabe 15. April 2008

Inhalt

1. Einleitung 3

2. Die Situation der Ausländer in der DDR 4

3. Rechtsextremistische Tendenzen in der DDR vor der Wende 5

    3.1 Definiton von Rechtsextremismus 5

    3.2 Chronologie des Rechtsextremismus in der DDR 6

    3.3 Die Skinhead Bewegung 7

    3.4. Historisches Interesse und Einstellungen der Jugend zu Skinheads und
Ausländern 8

4. Zwischenfazit 10

5. Erklärungen für Rechtsextremismus in der DDR vor der Wende 10

    5.1 Autoritarismus in der DDR Gesellschaft 10

    5.2 Die mangelnde Vergangenheitsbewältigung 11

Anhang: Literaturverzeichnis, Erklärung zur eigenständigen Erstellung der Arbeit

1. Einleitung

Die DDR Verfassung vom 7. Oktober 1974 machte in ihrem Grundlagen Abschnitt eine kategorische Feststellung. So besagte der Artikel 6 der Verfassung:

„Die Deutsche Demokratische Republik hat getreu den Interessen des Volkes und den internationalen Verpflichtungen auf ihrem Gebiet den deutschen Militarismus und Nazismus ausgerottet." (vgl. Ködderitzsch / Müller 1990: 7).

Diese Feststellung passte zum antifaschistischen Selbstverständnis der DDR. Schließlich handelte es sich, zumindest dem Selbstverständnis nach, bei der DDR um einen Staat, dessen Eliten Widerstand gegen das Nationalsozialistische Regime geleistet hatten. Die DDR führte diese Tradition des Antifaschismus fort. Dabei standen die Völkerfreundschaft und der Internationalismus im Vordergrund (vgl. Hirsch / Hein: 1991: 7). Auch in der Erziehung wurden antifaschistische Ideale vermittelt. Die Erziehung gegen Rassismus und Ausländerfeindlichkeit war ein wichtiger Bestandteil der Volksbildung in der DDR. So wurde im Geschichtsunterricht, in den Jugendverbänden und in den Medien ausführlich eine übertriebene Version des Widerstandes gegen die NS Herrschaft vermittelt. In den Geschichtsbüchern der DDR wurden die Faschisten als Handlanger des Kapitals beschrieben. Auch der Terror und die Demagogie, die Kriegsvorbereitungen und die rassistische Verfolgung und Ausplünderung anderer Völker der Nationalsozialisten wurden behandelt. Als Gegenpol zum NS Regime wurden die KPD mit ihrem Widerstandskampf und die Sowjetunion mit ihrer Außenpolitik und ihren Leistungen im Krieg betrachtet (vgl. Schubarth / Schmidt 1992: 14f). Insgesamt ist festzustellen, dass die DDR von ihrem Selbstverständnis her, als antifaschistischer, internationalistischer und der Völkerfreundschaft verpflichteter Staat galt. Es stellt sich gerade durch die rapide Zunahme von rassistisch motivierten Gewalttaten nach dem Zusammenbruch der DDR (vgl. Ködderitzsch / Müller 1990: 7) die Frage, inwieweit das Selbstverständnis der DDR mit der Realität übereinstimmte. Durch folgende Aspekte wird diese Fragestellung bearbeitet. Zuerst wird die Situation der Ausländer in der DDR beschrieben, wobei es darum geht zu klären ob diese mit den Begriffen Völkerfreundschaft, Internationalismus und Antifaschismus in Einklang zu bringen ist. Weiterhin wird beleuchtet in welchem Ausmaß es rechtsextreme Gewalt und Gruppierungen in der DDR gab und inwiefern die antifaschistische Erziehung Wirkung zeigte. Abschließend werden einige Erklärungsmuster es für rechtsextremistische Tendenzen und Rechtsextremismus in der DDR vor der Wende vorgestellt.

2. Die Situation der Ausländer in der DDR

In der DDR bestand aufgrund der Zunahme von Republikflüchtigen, die ihre sozialistische Heimat gen Westen verliessen ein zunehmender Arbeitskräftemangel. Um diesen Arbeitskräftemangel auszugleichen beschloss die SED Führung ausländische Arbeitskräfte anzuwerben. So erfolgte zwischen 1966 und 1989 die Anwerbung von ca. 500.000 ausländischen Arbeitskräften. Die Ausländer, die in der DDR arbeiteten, wurden fast ausschließlich aus sozialistischen Bruderländern rekrutiert. Die Herkunftsländer waren vor allem Vietnam, Polen, Mosambik, die Sowjetunion und Kuba. Der Aufenthalt und die Arbeitsbedingungen der Ausländer wurden in bilateralen Verträgen festgehalten. Diese Vereinbarungen sahen in der Regel eine Arbeits- und Aufenthaltsdauer von zwei bis fünf Jahren vor. Eine Verlängerung der Aufenthaltsdauer war nicht möglich. Der Austausch von Arbeitskräften erfolgte nach dem Rotationsprinzip. Arbeitskräfte die in die DDR gelangten, wurden vom Rest der Bevölkerung abgeschottet (vgl. Thomä-Venske 1990: 125-131). Die Unterbringung erfolgte kollektiv in separaten Gemeinschaftsunterkünften, in denen sich die Arbeitskräfte Zwei- bis Vierbettzimmer teilten. Jedem Bewohner standen dabei mindestens fünf Quadratmeter Wohnfläche zur Verfügung. Kontakte zwischen DDR Bürgern und Ausländern waren genehmigungspflichtig. So war der Zugang zu den Gemeinschaftsunterkünften durch strenge Hausordnungen reglementiert, die begrenzte Besuchszeiten und die Anmeldung beim Pförtner vorsahen (vgl. Neubacher 1994: 89). Solche Maßnahmen dienten zur Immobilisierung und Disziplinierung der ausländischen Arbeitskräfte, die überwiegend unter härtesten Arbeitsbedingungen in der Produktion tätig waren. Insgesamt wurde den ausländischen Arbeitskräften nur eine sehr eingeschränkte Teilnahme am gesellschaftlichen Leben ermöglicht (vgl. Gruner-Domic 1999: 215-230). Im Gegensatz zu den ausländischen Arbeitskräften gab es in der DDR noch eine kleine Gruppe von politischen Flüchtlingen aus Griechenland, Spanien und Chile. Die Lebensbedingungen dieser politischen Flüchtlinge bei denen es sich zum größten Teil um die Intelligenz der jeweiligen Nationen handelte, waren deutlich besser als die der ausländischen Arbeitskräfte (. Die Mehrheit der Ausländer in der DDR lebte allerdings separiert vom Rest der Bevölkerung, ohne gesellschaftliche Partizipation in prekären Arbeits- und Lebensbedingungen. Ausländer wurden durch die DDR Bürger im öffentlichen Leben diskriminiert .So wurden Ausländer in Gaststätten und Geschäften nicht bedient und in der Öffentlichkeit beschimpft. Die Angst der DDR Bürger vor Ausländern basierte überwiegend auf Vorurteilen. Der geringe Ausländeranteil und die Segregation der Ausländer führte dazu, dass es kaum Berührungspunkte zwischen DDR Bürgern und Ausländern gab, wobei Diskussionen über

Ausländerfeindlichkeit und die Situation der Ausländer von staatlicher Seite unterdrückt wurden (vgl. Neubacher 1994: 90). Es ist festzustellen, dass die Situation der Ausländer in der DDR stark mit den Idealen der Völkerfreundschaft, des Internationalismus und des Antifaschismus kontrastiert.

3. Rechtsextremistische Tendenzen in der DDR vor der Wende

3.1 Definiton von Rechtsextremismus

Um festzustellen, ob und in welchem Ausmaß in der DDR rechtsextreme Tendenzen auftraten, ist es vonnöten den Begriff Rechtsextremismus zu definieren. Der Begriff besteht aus den Begriffen Rechts und Extremismus. Politische Aktivitäten sind extremistisch, wenn sie sich gegen den Grundbestand unserer freiheitlichen rechtsstaatlichen Verfassung richten; gegen das Grundgesetz. Die Prinzipien unserer freiheitlich-demokratischen Grundordnung sind unter anderem die Achtung der Menschenrechte, die Gewalteneilung, das Mehrparteienprinzip. Extremistisches Denken lehnt diese Prinzipien ab. Strukturmerkmale des Extremismus sind: das Wahrnehmen der Wirklichkeit durch einen Filter ideologischer Verblendung, ein rigides Freund-Feind-Denken sowie der Hang zu Verschwörungstheorien (vgl. Neubacher 1994: 12f). Im Mittelpunkt des Rechtsextremismus steht ein ethnozentrischer Nationalismus, verbunden mit feindseligen, expansionistischen Bestrebungen. Hinzu kommen die große Bedeutung autoritärer Herrschaftsfiguren (Führer) und eine Volksgemeinschaft, die mit oft rassistischer Ideologie gesellschaftliche Differenzen und Interessengegensätze ignoriert (vgl. Ködderitzsch / Müller 1990: 9). Kurz zusammengefasst fallen unter Rechtsextremismus:

„…alle Versuche Bestrebungen und politischen Strategie, die darauf abzielen, demokratische, liberale Strukturen und Willensbildungs- oder Entscheidungsprozesse abzuschaffen oder zumindest deutlich zu schädigen" (Ködderitzsch / Müller 1990: 9).

Für Vorgänge in der DDR bis 1989 ist die Anwendung des Begriff Rechtsextremismus eine unhistorische begriffliche Übertragung, da der Begriff des Rechtsextremismus sich auf das Grundgesetz der Bundesrepublik Deutschland bezieht und somit nicht in der DDR verwendet wurde. Trotzdem ist es möglich den Begriff, der den Vorteil einer begrifflichen Bestimmtheit bietet, im Nachhinein für die DDR zu verwenden (vgl. Neubacher 1994: 21).

3.2 Chronologie des Rechtsextremismus in der DDR

Die wissenschaftliche oder politische Auseinandersetzung mit dem Thema Rechtsextremismus wurde in der DDR, dem „erstem antifaschistischen Staat auf deutschem Boden" tabuisiert. Aus diesem Grund gibt es nur wenig Literatur, die sich mit dem Thema beschäftigt (vgl. Neubacher 1994: 21). Dabei setzten sich die Sozialwissenschaftler der DDR durchaus mit dem Phänomen Rechtsextremismus auseinander und das schon zu Zeiten als das Thema noch ein absolutes Tabu war. Allerdings wurden Studien über rechtsextremistische Tendenzen zensiert, bevor sie an die Öffentlichkeit gelangten. Bis zur Wende 1989 wurden in der DDR nur Forschungsergebnisse veröffentlicht, die nicht mit dem Selbstverständnis der DDR kollidierten und die eine heile Welt des Sozialismus suggerierten (vgl. Ködderitzsch / Müller: 18). Trotzdem wurden erste Vorfälle mit rechtsextremem Hintergrund schon früh bekannt. Im Jahr 1956 wurde ein sowjetischer Ehrenfriedhof mit „Sieg-Heil"-Parolen beschmiert. Weiterhin tauchten 1960 Hakenkreuz Schmierereien an einem Kraftwerk bei Cottbus auf. In den siebziger Jahren kam es vermehrt zu Schändungen jüdischer Friedhöfe und Ende der siebziger Jahre gab es Vorfälle, bei denen der Hitlergruß gezeigt wurde. Derartige Vorfälle deuten darauf hin, dass schon früh rechtsextremes Potential in der DDR vorhanden war, welches sich aber erst in den achtziger Jahren in rechtsextreme Gewalt entlud. So kam es 1986 in Halle zu einem Überfall auf ein Ausländerwohnheim (vgl. Neubacher 1994: 29). Seit 1987 wurde auch in den DDR Medien über rechtsextreme Vorfälle berichtet. Am 17. Oktober 1987 kam es in der Ost-Berliner Zionskirche zu einer Massenschlägerei zwischen Besuchern eines Rockkonzertes und rechtsextremen Skinheads. Dabei prügelte eine Gruppe Skinheads auf die Besucher des Konzerts ein und beschimpfte diese als „Juden- und Kommunistenschweine". In Folge der Ereignisse kam es zum ersten Skinhead Prozess der DDR Geschichte, wobei die Verurteilten Freiheitsstrafen zwischen 15 Monaten und vier Jahren erhielten. Im November 1987 wurde am Ort des ehemaligen Konzentrationslagers Sachsenhausen eine Gruppe mit faschistischen Abzeichen und Hakenkreuzfahne festgenommen, die monatelang Bürger überfallen und terrorisiert hatte. Zwischen Januar und März 1988 schändete eine Gruppe Jugendlicher einen Jüdischen Friedhof in Ost-Berlin. Im April 1988 schlugen Jugendliche einen jungen Mosambikaner nieder. Einen Monat später wurden zwei Afrikaner während einer Zugfahrt beschimpft und getreten, einer der Männer wurde aus dem Zug geworfen und verletzte sich schwer (vgl. Ködderitzsch / Müller: 16f). In diesem Zusammenhag berichtete die „Junge Welt" über eine Zunahme von Beschimpfungen und Tätlichkeiten gegen Ausländer in der DDR. Insgesamt ist festzustellen, dass es bis zur Wende 1989 schon eine beträchtliche Anzahl von Vorfällen mit rechtsextremem Hintergrund gab (vgl. Neubacher 1994: 30f).

3.3 Die Skinhead Bewegung

Etwa ab 1980 kam mit der Skinhead Bewegung verstärkt Jugendrechtsextremismus auf. Skinheads sind überwiegend Jugendliche in marginalen Lebenssituationen, die sich in einer Szene bewegen, in der rechtsextreme Stimmungen herrschen. Diese Szene stellte die Verbindung zum organisierten Rechtsextremismus her. Mitglieder der Skinhead Bewegung konnten keiner bestimmten sozialen Schicht oder Gruppe der Gesellschaft zugeordnet werden. Die Skinheads kamen aus verschiedenen Zustrombereichen. Bei dem Großteil der Skinhead-Jugend handelte es sich um den frustrierten Teil der Normaljugendlichen. Die Jugendlichen hegten Aversionen gegen die staatsbürgerliche Erziehung und Bildung. Die ständigen Ideologiebelehrungen, die Arbeit im Jugendverband FDJ und die Schule trieben die Jugendlichen dazu sich abzusetzen. Andere Jugendliche die Skinheads wurden, waren vorher Fußballfans. Das Skinhead Grundmuster, die Aktion in der Gruppe, kam den Fußballfans entgegen. Einige Jugendliche, die sich den Skinheads anschlossen, waren vorher Punks gewesen, die genug vom asozial verkommenen Punk Image hatten. Wiederum andere Skinhead Mitglieder waren junge Männer, die ihren Wehrdienst abgeleistet hatten und die durch das militärische Element der Skinheads angezogen wurden. Auch vorbestrafte Jugendliche beziehungsweise Gewaltstraftäter wurden Mitglieder der Skinhead Bewegung und brachten Gewalt als probates Mittel der Konfliktlösung mit ein (vgl. Brück 1992: 37-44). Am Anfang der Skinhead Bewegung standen noch Mode und Musik im Vordergrund. Die Skinheads zeigten sich kahlköpfig und mit Bomberjacke in der Öffentlichkeit und diskutierten Themen, die in der DDR Gesellschaft tabuisiert wurden. Wichtigste Themen der Skinheads waren Ausländer in der DDR, die Geschichte des Nationalsozialismus und des zweiten Weltkriegs, die Teilung Deutschlands, die Arbeitsdisziplin und Arbeitsorganisation im Alltag sowie die Vergeudung in der Planwirtschaft. Diese Themen, die weder in den Medien noch in der Schule oder der FDJ debattiert wurden, bestätigten die Jugendlichen in ihrer Andersartigkeit und Isolation. Mit der Isolierung von der Gesellschaft ging die Entwicklung eines klaren Feindbildes einher. Drohungen und gewalttätige Aktionen nahmen von 1983 bis

1988 um ein Vielfaches zu und richteten sich gegen alle Ausländergruppen, Juden, Punks, „Grufties", Pazifisten und Homosexuelle. Symbole der DDR Herrschaft wurden als undeutsch und unwert betrachtet (vgl. Ködderitzsch / Müller: 11-14). Die Jugendlichen grenzten sich vom linken DDR System nach rechts hin ab. Eine Jugendbewegung, die sich als Protest- und Rückzugsbewegung konstituiert hatte, wurde so zunehmend politischer. Ab 1986 entstanden vermehrt politisch motivierte, rechtsextreme Gruppen, die sich selbst als „Nazi-Skins" oder „Faschos" bezeichneten. Die DDR Führung interpretierte das Auftauchen der Skinhead Bewegung als schädlichen Einfluss des Westens und ging mit rigider Überwachung, Kontrolle und hohen Strafen in Gerichtsverfahren gegen Skinheads vor. Einige der Jugendlichen änderten daraufhin ihr Erscheinungsbild und entwickelten konspirative Versammlungsformen, so dass sich die Szene sich um 1988 in Skinheads und so genannte „Faschos" aufspaltete. Die „Faschos" passten ihr Erscheinungsbild der DDR Norm an um unauffällig zu bleiben und beschäftigten sich ausführlich mit der theoretischen Dimension des Rechtsextremismus. Zudem widmeten sie sich dem Aufbau von Kommunikations- und Organisationsnetzwerken. Da die Skinheads in der DDR sich als nationalsozialistische Opposition gegen das sozialistische Regime begriffen, war die Einbindung nationalsozialistischer Ideologie in ihre Ideenwelt ausgeprägter als bei westdeutscher Skinheads. Zudem war ihr Politisierungsgrad höher. (vgl. Neubacher 1994: 32-47).

3.4. Historisches Interesse und Einstellungen der Jugend zu Skinheads und Ausländern

Soziologische Untersuchungen zum historisch-politischen Bewusstsein und der Einstellung zur NS-Vergangenheit waren in der DDR verboten oder unterlagen strenger Geheimhaltung. So konnte eine vom Zentralinstitut Leipzig unter 2000 Jugendlichen durchgeführte Studie zum Geschichtsbewusstsein Jugendlicher aus dem Jahr 1988 erst nach der Wende an die Öffentlichkeit gelangen. Die Studie ergab, dass neben einer zunehmenden Ablehnung des offiziell vermittelten Geschichtsbildes der DDR und einer nachlassenden Identifikation mit der DDR, Sympathien gegenüber dem deutschen Faschismus vorhanden waren. Das von der SED propagierte Bild einer geschichtsbewussten Jugend entpuppte sich als Fiktion. Die Kenntnisse der Jugendlichen zur jüngsten deutsche Geschichte waren eher mangelhaft und das Interesse für Traditionen und Geschichte der DDR war wenig ausgeprägt. Vielmehr interessierte die Jugendlichen die Geschichte des Nationalsozialismus und des zweiten Weltkriegs. Mehr als die Hälfte der Jugendlichen interessierte sich für diesen Zeitabschnitt stark beziehungsweise sehr stark. Demgegenüber stand ein kleinerer Teil von

Desinteressierten Jugendlichen, die ihre Gleichgültigkeit als Folge des bisherigen Darstellung und Vermittlung der Zeit begründeten. Die Mehrheit der Jugendlichen beantworteten Fragen nach ihrem Empfinden, bezüglich der Zeit des Nationalsozialismus im Sinne von: „ich selbst empfinde nichts, da ich nicht in der Zeit gelebt habe". Daneben existierten aber auch Äußerungen wie: „Die Zeit des Hitlerfaschismus war eine Sternstunde in der deutschen Geschichte…". Die Einstellungen der Jugendlichen zur Zeit des Faschismus bewegten sich zwischen mangelnder Sensibilität und Betroffenheit auf der einen Seite und tendenziell rechtsextremen Sichtweisen auf der anderen Seite (vgl. Schubarth / Schmidt 1992: 17-20).

Die Mehrheit der Jugendlichen bewertete den Nationalsozialismus negativ, doch relativierten und verharmlosten viele die Verbrechen der Nationalsozialisten durch Verweise auf positive Aspekte des damaligen Systems, wie den Rückgang der Arbeitslosenzahlen. Weiterhin zeigte sich die Entfremdung und Distanz der Jugendlichen zum System der DDR, so zogen die Jugendlichen beispielsweise Parallelen zwischen der NS-Diktatur und der DDR. Die Folge Studie im Jahr 1989 bestätigte die Ergebnisse der Studie aus dem Jahr 1988. Wiederum zeigte sich das große Interesse der Jugendlichen am zweiten Weltkrieg und der Zeit des Faschismus, während das Interesse für die DDR und die deutsche Arbeiterbewegung weiter abnahm. Genauso wie in der Studie von 1988 fiel ein nicht unbedeutender Anteil von Jugendlichen durch Sympathien für nationalsozialistische Ideologiefragmente auf. Im Rahmen der Studien zum Geschichtsbewusstsein wurden auch Haltungen gegenüber Skinheads und Ausländern abgefragt. Der Anteil derer die mit Skinheads sympathisierten lag 1988 und 1989 bei ca. 16 Prozent, während der Anteil derer die sich von Ausländern im eigenen Land gestört fühlten 1988 bei 32 Prozent und 1989 sogar bei 46 Prozent lag. Somit lässt sich feststellen, dass schon zu DDR Zeiten unter Schülerinnen und Schülern aus verschiedenen Gesellschaftsschichten ein deutlich gegen Ausländer gerichtetes Potential vorhanden war (vgl. Neubacher 1994: 70-73).

4. Zwischenfazit

Die Ablehnung von Ausländern durch Schüler, die missliche Situation der Ausländer in der DDR, die beträchtliche Anzahl an rechtsextremen Vorfällen und das Entstehen der Skinhead Bewegung belegen, dass die DDR weit davon entfernt war, der erste „antifaschistische Staat auf deutschem Boden" zu sein. Der per Verfassung ausgerottete Nazismus und Militarismus war immer noch ein Teil der Realität. Rechtsextremismus war in den Denk- und Handlungsmustern der DDR Gesellschaft vorhanden und keineswegs eine Sozialerscheinung, die dem System des „real existierenden Sozialismus" vom Westen aus zusetzte. Der angeblich in der Alltagskultur der DDR praktizierte Antifaschismus war lediglich eine Worthülse. Betrachtet man die Einstellungen der Jugendlichen zu Ausländern und zum Faschismus offenbart sich das Versagen des Instrumentes der antifaschistischen Erziehung. Es stellt sich nun die Frage welche Erklärungsmuster es für rechtsextremistische Tendenzen in der DDR vor der Wende gibt. Im Folgenden werden zwei mögliche Erklärungen vorgestellt.

5. Erklärungen für Rechtsextremismus in der DDR vor der Wende

5.1 Autoritarismus in der DDR Gesellschaft

In der DDR herrschten undemokratische und unfreiheitliche Strukturen, die durch das Wahrheits- und Deutungsmonopol der Partei und die drohenden Sanktionen bei nonkonformen Verhaltensweisen weit in die alltägliche Lebenswelt der Jugendlichen hineinreichten. In der Schule und in den Jugendorganisationen der DDR ging es um die Wiederholung der parteilich vorgegebenen Dogmen, wodurch die Bereitschaft zu blindem Autoritätsglauben und Konformismus und zur Übernahme bereitgestellter Freund-Feind Bilder verstärkt wurde (vgl. Maaz 1990: 11-54). Zudem stand in der DDR Gesellschaft der Gemeinschaftsgedanke im Vordergrund, was zu einer Ausgrenzung derer führte, die sich nicht in die Gemeinschaft einfügen wollten. Es herrschte also ein großer Konformitätsdruck, der durch Sozialisationsprozesse weitergegeben wurde. Die Skinheads stellen sich zwar auf den ersten Blick gegen das sozialistische System der DDR, doch legen sie die Herrschaftsstrukturen und –techniken des Totalitären nicht ab, da sie keine freiheitliche Ordnung anstrebten. Im Grunde wurde lediglich die Ideologie des DDR Sozialismus gegen Fragmente einer nationalsozialistischen Ideologie vertauscht. Die Mechanismen des

Konformitätsdruck in der Gruppe beziehungsweise der Gemeinschaft blieben aber bestehen. Auch in der offiziellen Politik der DDR gab es latente Tendenzen an die rechtsextreme Jugendliche anknüpfen konnten. Dazu gehörten eine Art nationale Überheblichkeit gegenüber reformerischen Tendenzen in Polen und der Sowjetunion, sowie der Versuch der SED Ende der siebziger Jahre zuvor als reaktionär abgelehnte Personen der deutschen Geschichte zu rehabilitieren. Weiterhin trug die militärische Ausbildung in der DDR, in Verbindung mit dem klaren Freund-Feind Begriff dazu bei, dass Gewalt als probates Mittel der Konfliktlösung angesehen wurde. Rechtsextremistische Tendenzen in der DDR lassen sich somit als Folge des sozialistischen Herrschaftssystems, das Autoritarismus sowie nationalistische, militärische Züge aufwies, erklären. Gestützt wird diese These durch Studien die belegen, dass die Jugendlichen in der DDR in weitaus größerem Maße Autoritatismus verfallen waren, als Jugendliche in Westdeutschland (vgl. Neubacher 1994: 116-119).

5.2 Die mangelnde Vergangenheitsbewältigung

Eine weitere Erklärung für rechtsextremistische Tendenzen in der DDR besteht in der mangelnden Auseinandersetzung mit der Vergangenheit des Nationalsozialismus. Der Nationalsozialismus wurde in der DDR nicht aufgearbeitet, sondern lediglich durch einen Antifaschismus verdrängt, der auf Lippenbekenntnissen fußte. So galt der Eintritt in die SED als stärkster Beweis antifaschistischer Gesinnung. Eine eindeutige Loyalitätserklärung für den Staat galt mehr, als ein sozialer Reifungs- und Klärungsprozess. Entnazifizierung wurde nicht als Prozess der Aufarbeitung betrieben, sondern blieb lediglich ein Etikett, so dass die Grundlagen des Faschismus unangetastet blieben. Die Bedeutung autoritärer Gesellschaftsverhältnisse für die Entwicklung des dritten Reiches wurde aus der Kritik der NS-Zeit ausgenommen. Eine Bewältigung fand vielmehr im Sinne einer neuen Ideologie und einer Bekehrung statt. Die persönlichen Ursachen der Menschen für rechtsextremes Verhalten wurden nicht hervorgehoben, wodurch persönliche Betroffenheit mit Verdrängungsmechanismen vertauscht werden konnte. Fragen nach persönlicher Schuld oder Verstrickung in Unrecht unterhalb einer Führungsebene wurden einfach ausgeblendet. Der offizielle Tenor von der „Stunde Null" sorgte dafür, dass das Volk der DDR zu einem Volk von Antifaschisten wurde (vgl. Maaz 1992: 116-119). Nationalsozialismus gehörte nach „der Gründung der DDR als Wendepunkt der Geschichte des deutschen Volkes" der Vergangenheit an. In der Schulbildung waren Fragen zur Alltagsgeschichte tabu. Es wurde das Bild eines Volkes vermittelt, das lediglich aus Faschisten und Antifaschisten bestanden hatte, wobei Die Antifaschisten die Gründerväter der DDR waren. Durch die insgesamt mangelhafte Auseinandersetzung mit der Vergangenheit des Nationalsozialismus, konnten antidemokratische und autoritäre Haltungen zumindest unterschwellig erhalten bleiben (vgl. Neubacher 1994: 119).

Literaturverzeichnis

Brück, Wolfgang (1992): Skinheads – Vorboten der Systemkrise. In: Heinemann, Karl-Heinz / Schubarth, Wilfried (Hrsg.): Der antifaschistische Staat entlässt seine Kinder. Jugend und Rechtsextremismus in Ostdeutschland. Köln: PapyRossa Verlag.

Gruner-Domic (1999): „Beschäftigung statt Ausbildung: Ausländische Arbeiterinnen und Arbeiter in der DDR (1961 bis 1989)" In: Motte, Jan / Ohliger, Rainer / von Oswald, Anne (Hrsg.) : 50 Jahre Bundesrepublik – 50 Jahre Einwanderung. Nachkriegsgeschichte als Migrationsgeschichte. Frankfurt a. M / New York: Campus Verlag.

Hirsch, Kurt / Heim, Peter B. (1991): Von links nach rechts. Rechtsradikale Aktivitäten in den neuen Bundesländern. München: Goldmann Verlag.

Ködderitzsch, Peter / Müller, Leo A. (1990): Rechtsextremismus in der DDR. Göttingen: Lamuv Verlag.

Maaz, Hans-Joachim (1990): Der Gefühlsstau. Ein Psychogramm der DDR. Berlin: Argon Verlag.

Maaz, Hans-Joachim (1992): Sozialpsychologische Wurzeln von Rechtsextremismus – Erfahrungen eines Psychoanalytikers. In: Heinemann, Karl-Heinz / Schubarth, Wilfried (Hrsg.): Der antifaschistische Staat entlässt seine Kinder. Jugend und Rechtsextremismus in Ostdeutschland. Köln: PapyRossa Verlag.

Neubacher, Frank (1994): Jugend und Rechtsextremismus in Ostdeutschland. Vor und nach der Wende. In: Marquardt, Helmut / Rüther, Werner (Hrsg.): Umwelt. Kriminalität. Recht. Bonn: Forum Verlag.

Schubarth, Wilfried / Schmid, Thomas (1992): Sieger der Geschichte. Verordneter Antifaschismus und die Folgen. In: Heinemann, Karl-Heinz / Schubarth, Wilfried (Hrsg.): Der antifaschistische Staat entlässt seine Kinder. Jugend und Rechtsextremismus in Ostdeutschland. Köln: PapyRossa Verlag.

Thomä-Venske, Hanns (1990): Notizen zur Situation der Ausländer in der DDR. In: Zeitschrift für Ausländerrecht und Ausländerpolitik, Heft 3, S. 125-131.